ZAIDE,

REINE DE GRENADE,

BALLET HEROIQUE,

REPRÉSENTÉ A VERSAILLES

PAR L'ACADEMIE ROYALE

DE MUSIQUE,

Le Mercredi 10. *Mars* 1745.

DE L'IMPRIMERIE

DE BALLARD Fils, reçû en survivance de la Charge
de Seul Imprimeur du Roi pour la Musique.

Par exprès commandement de Sa Majeßé.

AVERTISSEMENT.

LE Sujet de ce Poëme eft, à peu de chofe près, imaginé. Il n'y a d'Hiftorique que la haine des Zégris & des Abencerages, Maifons éternellement divifées à Grenade, comme celles d'Yorc & de Lancaftre en Angleterre.

ACTEURS CHANTANTS
Dans tous les Chœurs.

LES DEMOISELLES.

Dun.	Larcher.	Maçon.
Delorge.	Delaftre.	Jaquet.
Varquin.	Riviere.	Adelaide.
Thulou.	Cartou.	De Verneuille.
Dalmand.	Monville.	Rolet.

LES SIEURS.

Perfon.	Bourque.	Rhone.
Lefebvre.	Bornet.	Orban.
Rochette.	Le Page.	Belot.
Chabourd.	Marcelet.	Levaffeur.
Le Breton.	Lefebvre.	Cordelet.
Houbault.	Gratin.	Cuvillier.
Gallard.	Deferre.	Saint-Martin.
Duchenet.	Lemefle.	Foreftier.
Fel.		

ACTEURS CHANTANTS
du Prologue.

MARS,	Le Sieur le Page.
GUERRIERS *François*.	
VENUS,	La Dame de Canavaſſe.
L'AMOUR,	La Dlle. Romainville.
LE SOLEIL,	Le Sieur Jeliotte.
Suite de MARS.	
Suite de VENUS.	
Suite de L'AMOUR.	

ACTEURS DANSANTS.
LES GRACES.

Les Dlles. le Breton, Courcelle, Saint-Germain.

JEUX, ET PLAISIRS.

Le Sieur Malter, 3.

Les Sieurs F. Dumoulin, P. Dumoulin, Hamoche, Levoir.

Les Dlles. Auguſte, Beaufort, Puvigné, Thiery.

AMOURS, ET NIMPHES.

LES SIEURS,	LES DEMOISELLES,
Laval.	Puvigné.
Duval.	Caroline. C.
Bourgois.	Gobé.

PROLOGUE.

Le Théâtre repréſente le Palais de MARS, avec
tous les attributs du Dieu de la Guerre.

SCENE PREMIERE.

MARS, & ſa Suite.

MARS.

DE l'Univers, entr'eux, les Dieux font le partage ;
Tout cede à mon pouvoir, ma gloire eſt mon ouvrage :
Je diſpenſe, à mon gré, les lauriers & les fers.
Arbitre du bonheur, & maître des revers,
Je répans la terreur, j'inſpire le courage,
Et je tiens, dans mes mains, le ſort de l'Univers.

Fameux Guerriers, Peuple invincible,
    Accourez à ma voix,
Reconnoiſſez le Dieu terrible,
A qui vous devez vos exploits.

SCENE II.

MARS, & *sa Suite*, GUERRIERS.

CHŒUR DE GUERRIERS.

ACCOURONS à sa voix,
Suivons ses pas, suivons ses loix :
Reconnoissons ce Dieu terrible,
Nous lui devons tous nos exploits.

On entend une Symphonie qui annonce l'AMOUR.

• MARS. •

Quels sons flateurs se font entendre ?
Ah ! C'est l'Amour ! Gardez-vous de l'attendre.

Ce Dieu regne en tiran dans nos cœurs abatus :
La Gloire ne peut rien sur une ame qu'il blesse :
Pour perdre un siecle de vertus,
Il ne faut qu'un jour de foiblesse.

SCENE III.

MARS, & sa Suite; L'AMOUR, & sa Suite.

L'AMOUR.

QUELLE étrange leçon donnez-vous contre moi?

MARS.

Dans des lieux où je regne, osez-vous bien paroître?

L'AMOUR.

Du moins, autant que vous, je suis ici le maître.

MARS.

Un peuple de Heros doit braver votre loi.

L'AMOUR.

Mars a-t-il oublié son séjour à Cythere?

MARS.

La Gloire a dû le condamner.

L'AMOUR.

Un seul regard de ma Mere
Suffit pour vous ramener...

Divinité des cœurs, Souveraine des Graces,
Venez, volez, descendez dans ces lieux:
Hâtez-vous de paroître... appellez sur vos traces,
Le Plaisir enchanteur qui nous soumet les Dieux.

VENUS paroît dans un Char, accompagnée
de Graces, de Ris & d'Amours.

MARS, *appercevant* VENUS.

Inutiles serments! Ah! que Venus est belle!

✠✠✠✠✠✠✠✠✠✠✠✠✠✠✠✠✠✠✠✠✠✠✠✠✠✠✠✠✠✠✠✠✠

SCENE IV.

VENUS, L'AMOUR, MARS,
& leurs Suites.

MARS, aux genoux de VENUS.

DÉESSE, faites grace à ma témerité;
Contre vous, aujourd'hui, vainement révolté,
    Je n'en serai que plus fidelle;
    Le repentir d'une infidelité
    Fait plus d'honneur à la beauté,
    Qu'une conquête nouvelle.

VENUS.

    Pardonner trop aisément,
    C'est justifier l'offense.

MARS.

Mon crime, hélas! N'a duré qu'un moment:
N'étendez pas plus loin, votre vengeance.

MARS, ET VENUS.

Aimons-nous, l'Amour nous dispense
Tous ses bienfaits dans ce beau jour:
Par des nœuds plus constants célébrons sa puissance:
C'est en aimant qu'on rend grace à l'Amour.

                VENUS.

PROLOGUE.

VENUS, à sa Suite.

Jeux & Ris, tracez-nous l'image
De ces biens charmans,
Qui font des Amans,
La récompenfe & le partage.

On danfe.

L'AMOUR.

Tout foupire & me rend hommage;
Je ramene l'Amant volage,
Tout foupire, & me rend hommage;
Par mes feux,
L'Univers eft heureux.

CHŒUR.

Tout foupire, & te rend hommage;
Tu ramenes l'Amant volage,
Tout foupire & te rend hommage;
Par tes feux,
L'Univers eft heureux.

L'AMOUR.

Rien ne s'oppofe à mes projets,
Le Ciel eft plein de mes fujets :
Non, non que rien ne vous dégage,
Mes traits font des bienfaits.

CHŒUR. *Tout foupire, &c.*

c

ZAÏDE,

MARS, à L'Amour.

Amour , daigne enflamer ces Guerriers indomptables,
Que j'ai pris soin moi-même de former.

L'AMOUR.

Sans en être moins redoutables ,
Ils aimeront : ils sont faits pour aimer.

Dans ces climats l'Amour est le prix de la gloire :
L'hommage d'un Heros flate la vanité.
L'Amant offert par la Victoire ,
Est toujours sûr d'être écouté.

VENUS à L'AMOUR & à MARS.

Regnez, tous deux sur ces Peuples fidelles ;
Qu'ils soient à votre empire également soumis :
Et qu'ils triomphent des belles ,
Comme de leurs ennemis.

MARS, VENUS ET L'AMOUR.

Tendres Amans , Guerriers terribles ,
Formez les concerts les plus doux :
Amans , soyez guerriers , Guerriers soyez sensibles ;
La gloire & les plaisirs ne sont faits que pour vous.

CHŒUR.

Tendres Amans, Guerriers terribles,
Formez les concerts les plus doux :
Amans soyez guerriers ; Guerriers soyez sensibles :
La gloire & les plaisirs ne sont faits que pour vous.

On danse.

VENUS.

Amour lance tes traits,
Embellis mes attraits :

Tu rends la beauté piquante,
Tu fais briller ses appas :
Si tu ne l'animes pas,
Elle est triste & languissante.

Amour lance tes traits,
Embellis mes attraits.

On danse.

S C E N E V.

MARS, VENUS, L'AMOUR, LE SOLEIL.

CH Œ U R.

MAIS quel éclat nous environne?

MARS ET VENUS.

C'est le fils jaloux de Latone.

LE SOLEIL.

Couple heureux que l'Amour a blessés de ses traits,
Ne craignez plus l'éclat de mes feux indiscrets.

C'est le plaisir qui vous rassemble.
Dans ce riant séjour :
Ah qu'il est doux de voir ensemble
La Beauté, la Gloire & l'Amour.

E N S E M B L E.

Ah qu'il est doux de voir ensemble
La Beauté, la Gloire & l'Amour.

LE SOLEIL.

Avant de descendre dans l'onde
Je veux pendant quelques momens
M'arrêter en ces lieux charmans :
L'Himen y joint deux cœurs, l'espérance du monde.
Pour voir, pour admirer ces illustres Amans,
Que ne puis-je fixer ma course vagabonde?

PROLOGUE. xiij

L'AMOUR.

Dans cet Empire glorieux,
Pour ces Amans tout s'intéreffe;
Soleil, fur vos aîles de feux
Allez dans nos Palais répandre l'allégreffe:
Inftruifez-les qu'en ces lieux,
La terre imitant les Cieux,
A fait paroître à vos yeux
Une nouvelle Déeffe
Qui nous promet de nouveaux Dieux.

LE SOLEIL.

La noble fource
Qui reproduit un fang fi beau,
Comme un fleuve, bientôt m'égalant dans fa courfe,
Embraffera les lieux qu'éclaire mon flambeau.

Triomphez, maître du monde,
Regnez, par vos bienfaits,
Source toujours féconde
Des plaifirs & de la paix.

CHŒUR.

Tendres Amans, Guerriers terribles,
Formez les concerts les plus doux:
Amans foyez guerriers; Guerriers foyez fenfibles:
La gloire & les plaifirs ne font faits que pour vous.

FIN DU PROLOGUE.

ACTEURS
DU BALLET.

ZAIDE *Reine de Grenade*, la Dlle. CHEVALIER.

ISABELLE, *Princesse*
Napolitaine, esclave; Amante
D'OCTAVE,   la Dlle. FEL.

ALMANZOR, *Prince Maure,*
chef de la Maison des ABEN-
CERAGES; *Amant de* ZAIDE,   le sieur JELIOTTE.

OCTAVE, *Prince Napolitain,*
esclave; Amant D'ISABELLE,   le sieur POIRIER.

ZULEMA, *Prince Maure,*
chef de la Maison des ZEGRIS
Amant de ZAIDE,   le sieur DE CHASSE'.

UN SUIVANT.   le sieur BENOIT.

La Scene est dans le Palais des Rois de GRENADE.

DIVERTISSEMENS
du Ballet.

PREMIER ACTE.

ZEGRIS.

Le sieur Pitro.
Les sieurs Matignon, Dupré, Hamoche, Levoir.
Les Dlles. Saint-Germain, Courcelle, Puvigné,
Thiery.

ABENCERAGES.

Les sieurs Dumay, Malter-C, Caillez, la Feuillade.
Les Demoiselles Rabon, Rosaly, Ernie, Beaufort.

SECOND ACTE.
CHASSEURS.

Le sieur Monservin.
Les sieurs Gherardy, Pitro, Caillez, Matignon,
Hamoche, Levoir, Devis, la Feuillade.
Les Demoiselles Rabon, Carville, Ernie, Rosaly,
Thiery, Beaufort.

TROISIE'ME ACTE.

La Demoiselle Camargo,
Les sieurs Malter *l'aîné*, Malter 3. F. Dumoulin,
P. Dumoulin, Hamoche, Levoir.
La Demoiselle Sallé.
Les Dlles. Beaufort, Auguste, Saint-Germain,
Courcelle, Puvigné, Thiery.

ZAIDE,
REINE DE GRENADE.

ACTE PREMIER.

Le Theâtre repréfente un Amphitheâtre, préparé
pour la naiffance de ZAIDE.

SCENE PREMIERE.

ZULEMA, OCTAVE, ISABELLE.

ZULEMA.

ZAIDE fait aimer fes Loix :
Ses Sujets fortunez ont oublié les Rois :
Ce jour, marqué par fa naiffance,
De fes peuples charmez, va fignaler l'amour :
Et le mien feul, dans ce beau jour,
Hélas, eft réduit au filence !

A

 # ZAIDE,

Tu te souviens encor de ces momens heureux,
Où mon bras triompha de la valeur d'Octave.

ISABELLE.

Nous ne voyons, en vous, qu'un Vainqueur généreux.

ZULEMA.

Ton frere, près de moi, n'a que le nom d'Esclave.
 Pour toi, libre au milieu des fers,
 Tu jouis du même avantage ;
 L'auguste Reine que tu sers,
 Te laisse ignorer l'esclavage.

 De mes bienfaits, je demande le prix ;
 Peins-lui les feux, dont je me sens épris :
D'un cœur tel que le mien, présente-lui l'homage.

ISABELLE.

Vos exploits mieux que moi, lui parleront pour vous :
Sur de pareils garands, Prince, daignez m'en croire ;

 L'Amour vous fera des jaloux,
 Autant que vous en fait la Gloire.

ZULEMA.

Je ne vois qu'un Rival, digne de m'alarmer :
 Entre Almanzor & moi, Grenade se partage ;
 A Zaïde, en secret, il offre son homage ;
 Je hais, dans lui, ce qui le fait aimer :
 Le sang qui coule dans nos veines ;
Tout, jusqu'à nos vertus, éternise nos haînes,
 Et nous force à nous estimer.

ISABELLE.

Zaide rêveuse, inquiéte,
Me cache l'état de son cœur :
Je soupçonne sa défaite,
Mais j'ignore son vainqueur.

ZULEMA, à OCTAVE, & à ISABELLE.

Du Rival, qui me fait ombrage,
Suivez les pas, pénétrez les projets ;
Je veux l'immoler à ma rage,
Ou le compter, au rang de mes sujets.

Il sort.

SCENE II.

ISABELLE, OCTAVE.

ISABELLE.

NEZ pour commander aux Humains,
Ah, faut-il que des fers deshonorent nos mains !
De malheurs inouis, quel affreux assemblage !
L'Amour alloit nous rendre heureux :
Le Destin rigoureux
Nous livre à l'esclavage.

OCTAVE.

Que n'êtes-vous libre en ces lieux !
Pourquoi partagez-vous mes malheurs & mes chaînes?
Si j'avois seul à me plaindre des Dieux,
Je leur pardonnerois mes peines.

A ij

4   *ZAIDE,*

ISABELLE.

Zaïde choifit un époux ;
Ses Sujets, de fa main, vont recevoir un Maître ;
Zulema, trop fier, trop jaloux,
Si j'en crois mes foupçons, pourroit bien ne pas l'être ;
Je vois tout à craindre pour vous,
Si fon Rival obtient la préference ;
Objets de fa fureur, livrez à fa vengeance,
Cher Amant, que deviendrons-nous ?

OCTAVE.

Menageons, avec adreffe,
Ce Prince dangereux :
Sous les liens du Sang, cachons de plus beaux nœuds ;
Dans la Fête qui l'intéreffe,
Ne parlons que de nos feux,
Et laiffons à la Princeffe,
A nommer l'Amant heureux.

ISABELLE.

Si je perds ce que j'aime,
Quel fera mon fecours !
Quand l'Amour eft extrême,
La crainte l'eft toujours.

ENSEMBLE.

Amour, puiffant Amour, viens calmer nos alarmes :
Tu nous dois tes faveurs :
Tu caufes nos malheurs ;
C'eft à toi de tarir la fource de nos larmes.

SCENE III.

*ZAIDE, Esclaves de sa Suite; OCTAVE,
ISABELLE.*

ZAIDE, à ses ESCLAVES.

E*SCLAVES soumis à ma loi,
Sortez, obéissez à votre Souveraine.*

à part.   Ils sortent.
*Mon rang m'importune & me gêne :
Ils sont moins esclaves que moi !*

à OCTAVE & à ISABELLE.

*Pour vous, dont je connois le zele & le mérite,
Demeurez dans ces lieux,
Je permets à vos yeux
De lire dans les miens, le trouble qui m'agite.*

ISABELLE.
Qui peut troubler votre bonheur ?

ZAIDE.
J'aime...

ISABELLE.
*Rendez le calme à votre cœur :
Bannissez-en la triste défiance,
Ne doutez pas du plus tendre retour :
De vos attraits connoissez la puissance ;
Ils vous répondent de l'Amour.*

O C T A V E.

Ce Dieu n'est jamais redoutable :
Quand on sçait tout charmer,
Il est glorieux d'être aimable ;
Mais, qu'il est doux d'aimer !

I S A B E L L E.

Aimez, prenez l'Amour pour guide :
D'un hommage constant, il vous rendra l'objet ;
Et votre Roi, belle Zaide,
Sera votre premier Sujet.

O C T A V E.

Qu'à votre Amant aimé, votre cœur s'abandonne ;

I S A B E L L E.

Hâtez-vous de le couronner.

O C T A V E, ET I S A B E L L E.

C'est à la Gloire à mériter le Thrône,
C'est à l'Amour à le donner.

O C T A V E.

Le peuple brûle de connaître
Cet Amant, cet heureux Epoux !
Il attend un Héros, pour maître,
Puisque le choix dépend de vous.

I S A B E L L E.

Quel Mortel fortuné mérite tant de gloire ?

Z A I D E.

Il n'est pas temps encor, de nommer mon vainqueur :

Allez, préparez-vous à chanter sa victoire,
Et respectez les secrets de mon cœur.

SCENE VI.

ZAIDE.

TEMOINS de mon indifférence,
Lieux charmans, apprenez mon secret, en ce jour:
Quand je bravois l'Amour & sa puissance,
Je ne connoissois pas Almanzor, & l'Amour.

J'aime, je ne puis m'en défendre;
Un pouvoir inconnu me force de me rendre;
Heureux Amant, tu n'as point de rivaux;
Cher Almanzor, vien, reçoi la couronne:
D'accord avec mon cœur, la Vertu te la donne;
L'Amour & la Vertu font les droits des Héros.

Témoins de mon indifférence,
Lieux charmans, apprenez mon secret, en ce jour:
Quand je bravois l'Amour & sa puissance,
Je ne connoissois pas Almanzor, & l'Amour.

SCENE V.

ZAIDE, ISABELLE, OCTAVE;
Peuples de Grenade.

CHŒUR DE PEUPLES.

REGNE, à jamais, sur un Peuple qui t'aime,
   Plus brillante par ta beauté,
   Par tes vertus, par ta bonté;
   Que par l'éclat du Diadême.

On danse.

OCTAVE.

Aux yeux indifférents, l'Amour est invisible :
Mais dans les cœurs, qu'il blesse de ses traits,
Il a mille secrets, pour se rendre sensible;
Et les yeux de l'Amant, ne s'y trompent jamais.

On danse.

ISABELLE.

Tendre Amour, enchantez nos cœurs,
Epuisez vos traits, regnez sur nos ames :
   Regnez, comblez nos ardeurs.

Doux Plaisir, volez, portez-lui nos vœux;
   Chantez nos flammes,
  Que ce Dieu nous rende heureux :

Tendre

Tendre Amour, enchantez nos cœurs,
Epuiſez vos traits, regnez ſur nos ames:
Regnez, comblez nos ardeurs.

Soupirons, que le Miſtere
Soit le guide de l'Amour ;
L'Amant diſcret, content de plaire,
Pour ſes feux, craint l'éclat du jour.

Tendre Amour, &c.

On danſe.

CHŒUR de Peuples.

Nommez un Maître à vos Peuples fidelles,
Qu'il imite Zaide, en nous donnant des Loix :
Et qu'il obtienne, entre les Rois,
Le rang qu'elle a parmi les Belles.

ZAIDE.

Peuples cheris, comptez ſur mes bienfaits :
Guidez par les Plaiſirs, animez par la Gloire,
Meritez au ſein de la paix,
L'honneur de la victoire :
Venez dans les forêts,
Signaler votre adreſſe :
Avant la fin du jour, vous ſerez ſatisfaits,
Et je veux que mon choix vous prouve ma tendreſſe.

Le Peuple accompagne la Reine, en reprenant le
Chœur ſuivant.

B

CHŒUR.

Regne à jamais sur un Peuple qui t'aime,
Plus brillante par ta beauté,
Par tes vertus, par ta bonté,
Que par l'éclat du Diadême.

FIN DU PREMIER ACTE.

ACTE SECOND.

Le Théâtre repréſente d'un côté, un aîle du Palais
des Rois de Grenade ;
Et de l'autre, des Jardins & le commencement d'une Forêt.

SCENE PREMIERE.

ISABELLE.

O Ciel ! Je tremble, je friſſonne :
Je crains, à chaque inſtant, quelque nouveau malheur :
 Echo, pardonne à ma douleur,
 Le triſte ſoin que je te donne.

 Pour un moment, conſens à m'écouter,
 Je n'ai que des pleurs à répandre :
Tu n'auras déſormais, que des plaintes à rendre,
 Que des ſoupirs à répéter.

 O Ciel ! Je tremble, je friſſonne : &c.

B ij

SCENE II.

ISABELLE, ALMANZOR.

ALMANZOR.

POURQUOI *voulez-vous m'éviter?*
Isabelle, un moment, daignez vous arrêter.
Que n'ai-je obtenu l'avantage
Que mon Rival a remporté!
Ah! je l'aurois mieux mérité!
Et le jour de votre esclavage,
Fût devenu le jour de votre liberté.

ISABELLE.

L'intérêt généreux & tendre,
Qu'à mes douleurs vous daignez prendre,
Suspend les maux que je ressens:
Mais, Captive, inconnue, en ces lieux étrangere,
Pour vous, je ne puis faire
Que des vœux impuissans.

ALMANZOR.

Zaide vous estime, autant qu'elle vous aime:
La Vertu brille dans les fers:
Elle asservit ses maîtres même:
Et son empire est l'Univers.
Vous pouvez tout, sur le cœur de Zaïde;
Qu'en ma faveur, son choix décide,

Que mon amour & mes vœux satisfaits,
Soient, de vos soins, l'heureux ouvrage,
Vos fers brisez, seront le premier gage,
Et le moindre de mes bienfaits.

ISABELLE.

De mon zele pour vous, que pouvez-vous attendre ?

ALMANZOR.

Devenez sensible à l'ardeur,
De l'Amant le plus tendre,
Ah ! Lisez, s'il se peut, dans le fond de mon cœur.

à ZAIDE, qui paroît dans cet instant.

Vous m'avez entendu, prenez votre victime :
Reine, dans vos regards, je lis votre couroux :
Si l'Amour vous paroît un crime,
Je suis coupable, vengez-vous.

SCENE III.

ZAIDE, ISABELLE.

ZAIDE.

VOUS rougissez ! Quel trouble vous agite ?
Répondez-moi, dois-je en croire mes yeux ?

ISABELLE.

Princesse, pardonnez..... je demeure interdite...
Consultez Almanzor, il vous répondra mieux.

ZAIDE.

Va, j'ai tout entendu : fui, loin de ma présence :
Le mépris seul enchaîne ma vengeance ;
Trop indigne de mes bienfaits,
Esclave perfide & coupable,
Languis au fond de ce palais,
Avec la foule méprisable,
Qu'aux emplois les plus vils, je livre pour jamais.

ISABELLE.

Ne soyez pas à vous-même inhumaine,
Ecoutez moins votre ressentiment :
Un cœur, qui se livre à la haine,
Se livre au plus cruel tourment.
Ce Prince ....

ZAIDE.

A tes genoux, j'ai surpris le perfide.

ISABELLE.

A mes genoux, il adoroit Zaide.
Vous choisissez un époux dans ce jour ;
De mon foible secours implorant l'assistance,
Il m'a donné sa confiance :
Mais, vous avez tout son amour.

ZAIDE.

N'esperez pas par ce foible détour,
Amuser mon espoir & tromper ma vengeance :

Ne te juroit-il pas ? . . . .

ISABELLE.

Il me juroit pour vous une ardeur éternelle.

ZAIDE.

Dois-je en croire Isabelle ?

ISABELLE.

Croyez-en vos appas.

ZAIDE.

Quoi ! Mon amant ne m'est point infidelle !

ISABELLE.

Eh ! Qui pourroit éteindre une flâme si belle !

ZAIDE.

Tirans des cœurs, Soupçons jaloux,
Vous me rendez injuste & criminelle :
Tirans des cœurs, Soupçons jaloux,
Fuyez, fuyez, éloignez-vous.

Vous nous troublez, par de fausses allarmes ;
Vous inspirez la haine & la fureur :
Mais, quand l'Amour a dissipé l'erreur,
L'Amant justifié, n'en a que plus de charmes.

Tirans des cœurs, Soupçons jaloux,
Fuyez, fuyez, éloignez-vous.

Mais, je vois le Rival de l'amant que j'adore ;
Pour un moment, dissimulons encore.

XXXXXXXXXXXXXXXXXXXXXXXXXXXXXXXXXXXXXXX

SCENE IV.

ZAIDE, ISABELLE, ZULEMA
en habit de Chasse, OCTAVE.

ZULEMA, A ZAIDE.

QUE de Monstres frappez, vont tomber sous nos
coups !
Nos Chasseurs intrépides,
Pour mériter quelques regards de vous,
Deviendront de nouveaux Alcides.

ZAIDE.

Cet exercice heureux, dans le sein du repos,
Vous fait jouir de la victoire ;
La Chasse est un plaisir inventé par la Gloire,
Pour l'amusement des Héros.

ZULEMA.

Dans de plus grands dangers j'ai prouvé mon courage,
J'ai combattu, j'ai triomphé pour vous :
Et mon amour vous présente un hommage,
Que n'égaleront pas tous mes rivaux jaloux.

ZAIDE.

L'amour est une foiblesse,
Dont vous devez triompher :
Votre gloire qu'il blesse,
Vous forcera de l'étouffer.

ZULEMA.

ZULEMA.

Tous ces Héros, dont la mémoire
Sert de modele à l'Univers,
Ont reſſenti l'Amour, ſans offenſer la Gloire.

ZAIDE.

On leur a fait un crime de leurs fers.

ZULEMA.

Ah! Les miens ſont trop beaux pour en juger de même.
Sous le poids de leurs fers, ils étoient abattus ;
S'ils avoient aimé, comme j'aime,
On eût compté l'Amour, au rang de leurs Vertus.

ZAIDE.

Sur le choix de mon cœur, je ne puis rien vous dire,
Mais, on verra bientôt, qu'il n'avoit, pour objets,
Que la grandeur de cet Empire,
Et le bonheur de mes Sujets.

ISABELLE, à ZULEMA.

Prince, daignez m'entendre :
J'aime mon frere avec ardeur :
A ce frere chéri, j'attache mon bonheur :
Réuniſſez nos fers, ce ſera me le rendre.

ZULEMA, à OCTAVE.

Octave, vous changez de loi ;
Soyez à notre Souveraine :
Portez une ſi belle chaîne ;
Vous êtes plus heureux que moi.

On entend un bruit de Chaſſe.

C

ZAIDE.

Le son bruyant des Cors, nous annonce la Fête:
Livrons-nous aux plaisirs que ce jour nous aprête.

SCENE V.

ENTRE'E DE CHASSEURS.

OCTAVE, ISABELLE, ET LE CHŒUR.

OCTAVE.

DANS ces bois,
Suivez l'Amour, suivez ses loix.

CHŒUR.

Dans ces bois,
Suivons l'Amour, suivons ses loix.

OCTAVE, ET ISABELLE.

Volez Plaisirs, volez à nos voix,
Volez, faites briller tous vos charmes.

CHŒUR.

Volez Plaisirs, volez à nos voix,
Volez, faites briller tous vos charmes.

OCTAVE.

Prend tes armes,
Fais un choix
Des plus beaux traits de ton carquois.

CHŒUR. *Dans ces bois, &c.*

OCTAVE.

Sans alarmes,
Goutons en paix.
Tous ses bienfaits.

OCTAVE, ET ISABELLE.

Dieux des Chasseurs, mêlez à nos accords,
A nos transports,
Le son charmant des Cors.

CHŒUR. *Aimons tous.*

ISABELLE.

Aimez, aimez, rien n'est si doux.

CHŒUR. *Aimons tous.*

OCTAVE.

Suivez l'Amour, suivez ses loix.

ISABELLE.

Volez Plaisirs, volez à nos voix.

OCTAVE, ISABELLE, ET LE CHŒUR.

Dans ces bois,
Suivez l'Amour, suivez ses loix.

On danse.

ZAIDE.

L'Amour est à craindre,
Il sçait trop bien feindre,
On doit plaindre
Les Amans,
Livrez à ses tourmens.

C ij

ZAIDE,

L'Amour est à craindre,
Il sçait trop bien feindre,
On doit plaindre,
Jusqu'aux cœurs
Comblez de ses faveurs.
Enfant dangereux,
Son air en impose,
Les tourmens qu'il cause,
Pour lui, sont des jeux.

L'Amour est à craindre,
Il sçait trop bien feindre,
On doit plaindre
Les Amans
Livrez à ses tourmens.
L'Amour est à craindre,
Il sçait trop bien feindre,
On doit plaindre,
Jusqu'aux cœurs
Comblez de ses faveurs.

Sermens,
Tendre homage,
Bel âge,
Langage,
Tout flâte, tout charme nos sens :
Si ce Dieu n'étoit volage,
Les cœurs amoureux
Seroient trop heureux.

L'Amour est à craindre,
Il sçait trop bien feindre:
On doit plaindre
Les Amans,
Livrez à ses tourmens.
L'Amour est à craindre,
Il sçait trop bien feindre,
On doit plaindre,
Jusqu'aux cœurs,
Comblez de ses faveurs.

On danse.

C H Œ U R.

Courons à la Chasse;
Lançons nos traits,
Suivons la trace
Des Hôtes des forests.

Tout part pour la Chasse.

SCENE VI.

ZULEMA.

*O*N m'écoûte sans colere ,
Mais, avec quelle froideur !
Le soupçon jaloux, qui m'éclaire,
Me fait voir un Rival vainqueur.

Dans un regard, plus tendre que timide ,
J'ai connu, d'Almanzor l'espoir ambitieux :
Mon Ennemi me raviroit Zaide !
Rompons un hymen odieux.

Cruelle, affreuse préférence,
Tu portes, dans mon cœur, le feu de la vengeance.

Observons mon Rival, dans le fond des forests ,
Zaide y prendra soin d'ajoûter à ma haine !
Mais, qu'elle tremble l'Inhumaine !
Cet Amant si cheri, tombera sous mes traits.

Cruelle, affreuse préférence,
Tu portes, dans mon cœur, le feu de la vengeance.

FIN DU SECOND ACTE.

ACTE TROISIEME.

Le Théâtre repréfente une Gallerie où l'on voit
un Thrône à deux places, pour la Fête du
Mariage de ZAIDE, ET D'ALMANZOR.

SCENE PREMIERE.

ALMANZOR, ZAIDE.

ZAIDE.

SANS vous ma mort étoit certaine:
Des portes du trépas, votre bras me rameine.

ALMANZOR.

Tout autre eût, comme moi, combattu dans ce jour,
Contre un monftre en furie:
Je rends grace à l'Amour,
De m'avoir préferé, pour vous fauver la vie.

Princesse, cet aveu m'échappe malgré moi;
De languir en secret, je m'imposois la loi.

A son gré, l'Amour nous inspire,
On ressent la crainte & l'espoir;
L'Amant, qui s'est fait un devoir
De cacher toujours son martire,
Dans un instant, sans le sçavoir,
Dit tout ce qu'il n'osoit pas dire.

ZAIDE.

Vous profitez du seul moment,
Où je ne puis punir un aveu témeraire;
L'Amant mérite ma colere,
Mais le Vainqueur obtient la grace de l'Amant.

ALMANZOR.

Zaide, prononcez sur le sort de la flâme,
Que l'Amour dans mon cœur fait gloire d'allumer;
Pardonner seulement, c'est accabler mon ame,
Il faut me punir, ou m'aimer.

ZAIDE.

Malgré l'excès de ma reconnoissance,
Ne craignez-vous pas mon couroux?

ALMANZOR.

Je ne craindrai jamais que votre indifférence:
J'attens mon sort à vos genoux:
L'Amour pour la Beauté, peut-il être une offense!

Les

Les Dieux ont gravé dans nos cœurs
Ces sentimens secrets, & si remplis de charmes :
C'est le choix de l'objet, à qui l'on rend les armes,
Qui leur donne le nom de sagesse, ou d'erreurs.

ZAIDE.

Quoi, vous m'aimez ! Vous osez m'en instruire :
J'ai banni, pour jamais, Zulema de ces lieux.

ALMANZOR.

Sans Octave, sa main me perçoit à vos yeux.
Il me croit trop heureux.

ZAIDE.

Il a lû dans mon cœur … Ah ! C'est trop vous en dire.

ALMANZOR.

Quel aveu ! … quel bonheur ! … momens délicieux !
Votre cœur m'a vengé, la haine m'abandonne ;
Et je dois oublier un Rival furieux.

ZAIDE.

Plus vous lui pardonnez, plus il m'est odieux.

ALMANZOR.

Plus vous le haïssez, & plus je lui pardonne.

D

SCENE II.

ZAIDE, ALMANZOR, OCTAVE.

OCTAVE.

ZULEMA, vers ces lieux, s'avance;
Tout fuit à sa présence :
Il seme, sur ses pas, l'épouvante & l'horreur ;
Les amis rassemblez, de ce fameux Rebelle,
Dans les cœurs alarmez, répandent la terreur.

ALMANZOR.

Mon bras va vous livrer un Sujet infidelle.

ZAIDE.

Soyez, deux fois, aujourd'hui, mon vengeur.

ALMANZOR.

Que ce titre est cher à ma gloire !
Il suffit à mon cœur,
Pour m'assurer de la victoire.

Ils sortent.

ZAIDE.

Almanzor, menagez des jours si précieux …
Mais il ne m'entend plus …. Il est loin de ces lieux.

SCENE III.

ZAIDE.

DIEU des amants fidelles,
Amour, prend soin de mon amant.
Jamais tu n'as formé de chaînes auffi belles,
Protege ton ouvrage, & fini mon tourment.
Le Heros que j'adore,
A de nouveaux dangers, va s'expofer encore !
C'eft pour moi feule, helas !
Qu'il brave le trépas.
Que ne puis-je le fuivre, au milieu des alarmes !
Amour, favorife fes armes ;
Dans l'horreur des combats,
Accompagne fes pas.
Jamais, tu n'as formé, de chaînes auffi belles ;
Protege ton ouvrage, & fini mon tourment :
Dieu des amants fidelles,
Amour, prend foin de mon amant.

D ij

SCENE IV.

ZAIDE, ISABELLE.

ZAIDE.

DOIS-je vivre ou mourir ? Parle, chere Isabelle.

ISABELLE.

Dans les yeux d'Almanzor, le couroux éteincelle :
Il marche à son Rival ; le silence & l'horreur,
De ce combat terrible annoncent la fureur.

ZAIDE.

Que ce jour me cause d'alarmes !

ISABELLE.

Vos malheurs sont les miens, je partage vos larmes.

ZAIDE.

De suivre tes destins, je me fais une loi ;
  Rien ne pourra briser ma chaîne ;
Fidelle à mon amour, constante dans ma haine,
Je veux regner, cher Prince, ou mourir avec toi.

ISABELLE.

  Helas ! Le même coup m'accable :
Près du Trône élevez, le sort impitoyable
  Nous livre au plus cruel malheur ;
Je perds autant que vous ; jugez de ma douleur.

ZAIDE.

Que dites-vous ?

ISABELLE.

Naples nous a vû naître.
Octave est l'heritier & l'ami de son Maître ;
Ce Prince est mon amant, je ne suis point sa sœur :
Je pris ce nom, dans l'esclavage,
Ce nom charmant, par sa douceur,
Consoloit notre amour, dont il n'est que l'image.

On entend un bruit de Guerre.

SCENE V.

ZAIDE, ISABELLE, OCTAVE,
GUERRIERS, ALMANZOR :
Peuples de Grenade.

CHŒUR DE GUERRIERS,
derriere le Théâtre.

VICTOIRE, victoire, victoire.

ZAIDE, ET ISABELLE.

Dieux, quel est le Vainqueur ?

Tout le monde entre.

CHŒUR.

Victoire, victoire, victoire.

ZAIDE, à ALMANZOR.
Enfin je vous revois ....
ALMANZOR.

Princeſſe, vous regnez, tout céde à votre gloire :
J'ai vengé l'Amour, & vos droits ;
Zulema, dévoré de remords & de rage,
A vû votre fortune accabler ſon courage ;
Ses amis l'ont porté tout ſanglant vers le Port ;
Je n'ai pas daigné le pourſuivre,
Je l'abandonne à la honte de vivre,
S'il n'oſe ſe donner la mort.

ZAIDE.

Almanzor, je vous dois la couronne & la vie ;
ALMANZOR.

Le ſuprême bonheur de vous avoir ſervie,
Me récompenſe aſſez,
Ah ! Ma gloire préſente,
Efface mes exploits paſſez,
Et remplit mon attente.

ZAIDE, à ſes Peuples.

Il eſt temps d'annoncer mon choix,
Le vainqueur des Tirans, doit ſucceder aux Rois ;
Je couronne Almanzor : qu'à mes vœux tout réponde,
Jouiſſez déſormais du bonheur le plus doux :
Avec des Sujets, tels que vous,
Il deviendra Maître du monde.

CHŒUR.

Regnez, qu'à vos vœux tout réponde,
Jouissons, désormais, du bonheur le plus doux :
Avec des Maîtres, tels que vous,
Nous le serons bientôt du monde.

ALMANZOR, à ZAIDE.

Je dois à votre cœur, le Trône où je me vois ;
Nous devons tout à la valeur d'Octave.

ZAIDE.

Reconnoissez en lui le sang des Rois.

ALMANZOR, à OCTAVE.

Votre sagesse & vos exploits,
Ont malgré vous, trahi l'Esclave.

ZAIDE, à OCTAVE.

N'imputez, qu'à vous seul, votre captivité ;
Vous m'avez fait l'injure de me craindre !
Prince, je cesse de vous plaindre,
En vous rendant la liberté.

OCTAVE.

Il faut cacher son nom, dans l'esclavage,
Fût-on, même du sang des Dieux ;
C'est un respect, qu'on doit à ses ayeux,
Quand la fortune nous outrage.

 ZAIDE,

OCTAVE, au Peuple

Célebrez ce beau jour,
Célebrez, tous ses charmes,
Aimez à votre tour ;
Vos cœurs sont faits pour céder à l'Amour :
Il assure à jamais, la gloire de vos armes.

CHŒUR.

Célébrons ce beau jour, &c.

SCENE VI.

ZAIDE, ALMANZOR, OCTAVE, ISABELLE, Peuples de Grenade.

ZAIDE, ALMANZOR, ISABELLE, OCTAVE.

*A*H! *Quel bien suprême !*
Tout remplit nos vœux :
Notre bonheur est dans nos feux :
Aimons, aimons, on est heureux
Quand on aime. On danse.

LES CHŒURS.

Célebrons ce beau jour,
Célébrons tous ses charmes
Aimons à notre tour ;
Nos cœurs sont faits pour céder à l'Amour,
Il assure à jamais, la gloire de nos armes.

F I N.